탄탄 원리과학 클릭클릭

식물_식물의 재배

씨앗 하나의 이야기

글_양연주 그림_홍성지 감수_이은주

이야기를 시작하려면,
아주아주 오랜 옛날로 돌아가야 해요.

까마득히 먼 옛날에는
세상이 지금과 같은 모습이 아니었어요.
드넓은 논과 밭도, 하늘 높이 치솟은 건물도,
도로를 쌩쌩 달리는 자동차도 없었습니다.

구석기 시대

약 70만 년 전에서 1만 년 전까지의 시기. 사람들은 동물을 사냥하거나 나무 열매 등을 따 먹고 살았어요. 먹이를 구하기 위해 이리저리 옮겨 다녔답니다.

보이는 것이라고는 오직 산과 들과 강물뿐.
사람들은 다른 동물과 다를 것 없이
자연과 더불어 하루하루를 살아갔어요.

도토리와 호두

단단한 나무와 연한 나무를 오랫동안 서로 비벼서 불을 피웠어요.

배가 고프면 나무 열매나 뿌리를 캐어 먹었고, 운이 좋은 날에는 커다란 산짐승을 사냥해서 온 가족이 나누어 먹었어요.

하지만 먹는 날보다
먹지 못하는 날이 훨씬 더 많았어요.
나무 열매나 뿌리는 금세 동이 났고,
변변한 도구도 없이 짐승을 사냥하기란
쉽지 않았거든요.

배고픔과 추위에 지친 가족들은 저마다
동굴 속에 누워 주린 배를 움켜쥐어야 했어요.

라스코 동굴벽화
프랑스의 라스코 동굴 벽면에 그려진 벽화. 들소, 사슴, 염소 등이 그려져 있어요.

충북 청원군의 두루봉 흥수굴에서 찾아낸 구석기인의 뼈

춥고 배고픔에 지치면, 할 수 없이
주섬주섬 짐을 꾸렸어요.
가족들과 오붓하게 지낼 집도 없이
이 동굴에서 저 동굴로.

떠돌이 생활이 끊임없이 이어졌지요.
지치고 너무 힘들었어요.

충북 단양읍 도담리에 있는 금굴
대표적인 구석기 시대 동굴이에요.

그러던 어느 날이었어요.
지난해에 머물던 동굴을 다시 찾아갔는데, 뭘까요?

동굴 앞에 새로운 식물이 자라고 있었어요.
맛도 없고 배부르지도 않고, 쓸모없어서 버려둔 씨앗에서
어느새 싹이 트고 열매를 맺은 것이었지요.

신석기 시대

약 1만 년 전에서 5천 년 전까지의 시기. 이때부터 사람들은 돌을 갈고 다듬어 도구나 무기로 사용할 줄 알았어요. 또 곡식을 키워 농사를 짓기 시작하면서, 한곳에 자리를 잡게 되었지요. 곡식을 저장하기 위해 흙을 빚어 간단한 그릇도 만들었답니다.

씨앗에서 다시
새로운 씨앗이 자란다는 사실.
인류 최대의 발견이었어요.
먹을거리와의 전쟁이 끝나는 순간이었지요.
더는 먹을 것을 찾아
헤매지 않아도 되었어요.
직접 씨앗을 기르고 거두면 되니까요.

돌보습
땅을 갈아서 흙덩이를
일으키거나 뒤엎는 데
쓰는 도구

반달돌칼
곡식의 이삭을 따거나, 짐승의
가죽을 벗기고 써는 데 쓰는 도구

사람들은 힘을 합해
나무를 뽑고 흙을 다듬었어요.
그리고 밭에 씨앗을 뿌렸어요.

벼껍질

갈판과 갈돌
곡식과 나무열매 등의 껍질을
벗기거나 가는 데 쓰는 도구

빗살무늬토기
곡식을 담거나 요리할 때 쓰던 도구.
밑이 뾰족하고, 빗살무늬가 새겨진 게
특징이에요.

신석기 시대의
움집 모습

개의 머리뼈와 턱뼈
야생 개에서 가축으로 변해 가는
중간 단계의 모습

조, 밀, 수수… 한 알의 씨앗은 보잘것없었지만,
한 주먹 모으니 든든한 먹을거리가 되었어요.

사람들은 많은 씨앗을 심었어요.
씨앗을 돌보기 위해 머물 수 있는 집도 지었지요.
한쪽에는 사냥해 온 동물도 기르기 시작했어요.

씨앗을 거두는 도구도 만들고,
씨앗을 담는 그릇도 만들었답니다.

청동기 시대

약 5천 년 전부터 철기 시대까지. 이때부터 사람들은 청동을 이용해 도구와 무기, 장식품을 만들기 시작했어요. 벼를 키우는 논농사도 시작되었지요. 수천 년 뒤에는 철을 이용할 줄 알게 되어, 철기 시대가 열리게 되었답니다.

경남 진주시 대평리의 청동기 시대 마을과 밭

농경문 청동기
농사짓는 사람의 모습이 새겨져 있어서
'농경문 청동기'라고 불려요.

산과 들은 나날이 새로워졌어요.
반듯반듯 논밭이 일구어지고,
옹기종기 집들이 세워졌어요.

이제 밭에는 온갖 가지 채소가 푸르러 가고,
논에는 벼가 누렇게 익어 가고…

어느새 번듯한 마을이 들어섰지요.

마을 옆에 마을이 들어서고,
다시 마을 앞에 마을이 들어서고.

마을과 마을은 하나가 되고,
더 큰 하나로 모여 국가가 되었지요.

농사를 지으니 먹을거리가 풍족해지고,
마을을 이루니 일손도 풍부해졌어요.
이제 사람들은 자신만의 일을 찾았어요.

〈서당〉
김홍도 그림

〈기와 올리기〉
김홍도 그림

교수님이 들려주는 생명 이야기

씨앗 하나의 이야기

이은주(서울대학교 생명과학부 교수)

우리는 단 하루라도 음식물을 먹지 않으면 배고파 살 수가 없답니다. 다른 동물과 마찬가지로, 사람도 식물이나 동물을 먹어야 영양분을 얻을 수 있으니까요. 사람이 먹는 음식물 중 대부분은 식물에서 온답니다. 인간이 어떻게 씨를 뿌리고, 농작물을 기르게 되었는지 궁금하지 않으세요? 인간이 식물을 재배하면서부터 오늘날과 같은 사회를 이루게 되었답니다.

아주 먼 옛날 우리 선조들은 사냥한 동물이나 열매 등을 먹으며 하루하루 살아갔답니다. 사냥은 쉽지 않았어요. 무서운 맹수와 싸워야 했고, 날쌘 짐승들을 쫓아 산으로 들로 뛰어다녀야 했으니까요. 그러다 먹을 만한 동물들이 줄어들면, 새로운 사냥터를 찾아 옮겨 다녀야 했답니다. 이러한 이동 생활 때문에 마을이나 문화를 만들어 가는 것이 어려웠지요.

약 1만 년 전, 농사를 짓기 시작하면서 인간의 생활은 크게 변하게 되었답니다. 먼저 떠도는 생활을 그만두고, 농사짓기 좋은 곳에 자리를 잡게 되었어요. 식량이 넉넉해지자, 사람들도 늘어나기 시작했지요. 차츰 마을이 생겨나고, 농사를 짓지 않고도 다른 일을 하며 살 수 있는 여유도 생겼답니다.

농사를 짓지 않는 사람들은 다른 일을 하며 얻은 것을 식량과 맞바꾸었어요. 물건과 물건을 맞바꾸는 물물교환은 더욱 활발해졌고, 그럴수록 인간의 생활은 더욱 풍요로워졌답니다. 이러한 새로운 여유가 예술, 과학, 무역 같은 문화의 발전으로 이어지게 되었지요.

세계 최초로 농사를 짓기 시작한 곳은 몇몇 지역을 꼽을 수 있답니다. 첫 번째 지역은 오늘날 이란, 이라크,

시리아, 터키에 해당하는 극동 지역이랍니다. 이 지역은 '비옥한 초승달 지역'이라고 부르는 곳으로 약 1만 년 전, 야생풀로부터 밀을 얻어 기른 흔적이 있답니다. 두 번째 지역은 중남미 지역으로 옥수수, 호박, 고추, 박 농사가 시작된 흔적이 남아 있답니다. 세 번째 지역은 중국과 우리나라가 자리 잡은 동아시아 지역으로 쌀과 콩 농사가 시작된 증거가 있답니다.

1998년, 충청북도 청원군 소로리 오창과학단지 구석기 유적에서 볍씨가 발견되었는데, 사람들의 큰 관심을 끌었지요. 이 볍씨가 나온 토탄층(흙)의 연대가 1만 3천여 년으로 확인되었거든요. 만약 확실하다면, 이 볍씨가 세계에서 가장 오래된 볍씨가 된답니다.

글을 쓴 양연주 님은 대학에서 문예창작을, 대학원에서 아동문학을 공부했습니다. 제 6회 'MBC 창작동화대상'을 받으면서 동화를 쓰기 시작했고, '아동문예문학상'을 받았습니다. 지금은 대학에서 문학을 가르치면서 어린이를 위한 동화를 쓰고 있습니다. 지은 책으로는 〈지구와 달의 숨바꼭질〉〈포카혼타스와 인디언 탐험하기〉 등이 있습니다.

그림을 그린 홍성지 님은 경기대학교에서 서양화와 미술 교육을 전공하였고, 영국에서 일러스트레이션을 공부했습니다. 2005년 이탈리아 세계 어린이 SAMEDE 전시회에 〈알라딘의 요술램프〉가 초청되어 순회 전시되었습니다.

감수를 한 이은주 님은 서울대학교 식물학과를 졸업하고, 같은 대학교에서 석사 학위를 받았습니다. 캐나다 마니토바대학에서 식물학 박사 학위를 받고, 지금은 서울대학교 생명과학부 교수로 재직하고 있습니다. 생명의 근간이 되는 식물에 어린이들이 더 많은 관심을 갖기를 바라는 마음으로, 어린이책에 애정을 쏟고 있습니다.

식물_식물의 재배 씨앗 하나의 이야기
글_ 양연주 그림_ 홍성지 감수_ 이은주

펴낸이_ 김동휘 **펴낸곳_** 여원미디어㈜ **출판등록_** 제406-2009-0000032호
주소_ 경기도 파주시 회동길 130(문발동) 탄탄스토리하우스 **전화번호_** 080 523 4077 **홈페이지_** www.tantani.com
기획·편집·디자인 진행_ 글그림 **기획_** 이기경 김세실 안미연 **편집_** 이연수 **일러스트 디렉팅_** 김경진 **디자인_** 이경자
제작책임_ 강인석 **인쇄_** 새한문화사 **제책_** ㈜책다움 **판매처_** 한국가드너㈜ **마케팅_** 김미영 조호남 김명희 오유리
사진 제공_ 국립중앙박물관, 국립청주박물관, 국립광주박물관, 서울 강동구 암사동 선사유적지, 시몽 포토에이전시

Plants_Agriculture   Story of a Seed
A seed drops on the field and grows to become grain. Some people, finding out that the grain was edible, began sowing it and settling where it grew. That's how agriculture started. Let's trace back to that period to see how agricultural life advanced human civilization.

이 책에 실린 글과 그림의 무단 복제 및 전재를 금합니다.

식물

지구의 주인은 누구라고 생각하나요? 지구상의 모든 생물에게 꼭 필요한 산소와 영양분을 제공해 주는 식물이 아닐까요. 식물의 다양한 생존 방식과 끝없는 생명력…. 이제까지 몰랐던 식물에 대한 놀라운 사실들을 알아봅니다.

동물
- 생물과 무생물
- 먹이 사슬
- 태생과 난생
- 동물의 모습
- 동물의 성장
- 동물의 위장
- 고향을 찾아서
- 동물의 서식지
- 동물의 집짓기
- 동물의 의사소통
- 동물의 수면
- 동물의 겨울나기
- 먹이 구하기
- 아기 키우기

환경
- 숲
- 강
- 갯벌
- 바다
- 땅
- 멸종동물
- 환경보호
- 재활용
- 인간과 도구

우주
- 지구의 탄생
- 지구의 보습
- 날씨
- 지구의 움직임
- 암석
- 태양계
- 달
- 별의 일생
- 우주 탐사

인체
- 우리 몸
- 탄생과 성장
- 감각기관
- 소화기관
- 운동순환기관
- 건강함이란

물리
- 물질의 성질
- 물질의 상태 변화
- 공기
- 시간
- 소리
- 중력
- 여러 가지 힘
- 빛과 색
- 전기
- 도구의 원리

식물
- 식물의 위상
- 식물의 성장
- 식물의 번식
- 식물의 생존
- 식물의 일생
- 먹는 식물들
- 식물의 재배

씨앗 하나의 이야기

글과그림으로수다스러운공간 글그림
02.3474.8892